Bernd Paulus

Gedichte zur Weihnachtszeit

tief- und hintersinnig

Weihnachtsgedichte

besinnlich – humorvoll – sarkastisch

Weihnachtskrippe 2018 Kölner Dom   Foto: Jochen Geckeler

Text: Bernd Paulus

Fotos: Jochen Geckeler (S. 3, 14, 32, 41)
Kerstin Püttmann (S. 23, 43, 48, 52)
Valeria Schmitt (S. 9, 25, 29)

Titelbild: „Besinnlicher Zweiter Advent" - Aquarell von Valeria Schmitt

Bibliografische Information der Deutschen Nationalbibliothek:
Die Deutsche Nationalbibliothek verzeichnet diese Publikation in der Deutschen Nationalbibliografie; detaillierte bibliografische Daten sind im Internet über http://dnb.dnb.de abrufbar.

© 2019 Bernd Paulus / bernd@paulus-hagenbach.de

Herstellung und Verlag: BoD – Books on Demand, Norderstedt

ISBN: 978-3-7431-9395-6

Inhalt

Vorwort 7

Weihnachtskatastrophen...............................10
GEMA fort..12
Weihnachtshoffnung....................................15
Weihnachten – reine Nervensache................16
Geschenkezwang...18
Wunder..20
Weihnachtskommerz....................................21
Versprechen...24
Frieden auf Erden..26
Tannenbaum..28
Weihnachtliche Harmonie............................30
Macht auf das Tor!......................................33
Warum?...34
Die Gedanken sind frei 36
Geschenkidee..38
Besinnung?..40
Weihnachten liegt in der Luft......................42
Christmette..44
Jauchzet, frohlocket!...................................46
Wir schaffen das!..49

Danke..53

Worte zu den Künstlern...............................55

Vorwort

Ich weiß nicht, was in mir die Freude an der Poesie geweckt hat, und meine schulischen Leistungen im Fach Deutsch waren es auch nicht gerade, die mein Interesse an Literatur gefördert haben. Gerade die Kernkompetenz „Aufsatz" endete immer in einem Desaster. Eigentlich wären diese Erlebnisse Grund genug gewesen, mich nie mehr näher mit Literatur zu befassen, wären da nicht Lessings „Nathan" oder Goethes „Faust" gewesen oder auch Rilkes Gedicht „Der Panther" oder „Der dicke Sack" von Wilhem Busch oder auch die abertausend anderen Zeilen, die meine Liebe zur Literatur entfacht haben.

Seit vielen Jahren erfreue oder nötige ich unsere Freunde und Bekannten zu Weihnachten, meine selbst geschriebenen Gedichte zu konsumieren, und genau sie waren es – wie auch meine Frau Heidrun – die mich ermutigt haben, meine Gedichte zu veröffentlichen. So enstand dieses Weihnachtsbüchlein, zu dem ein paar unserer Freunde netterweise noch Fotos und Bilder beigesteuert haben, so dass ein kleines abgerundetes Werk daraus wurde, das hoffentlich meine Leser erfreuen wird. Vielleicht sieht sich der eine oder andere in den Zeilen wieder – das ist natürlich rein zufällig und von mir nicht beabsichtigt.

Bernd Paulus

„Drei Wichtel für Bernd" Aquarell: Valeria Schmitt

Weihnachtskatastrophen

Für viele ist die Weihnachtszeit
die allerschönste Zeit im Jahr.
Man feiert, schenkt den Liebsten was,
besinnt sich auch, wie's einstmal war.

Man denkt ans Gute, auch ans Schlechte.
Auch gibt es oft zur Weihnachtszeit
Beziehungsbrüche zu verkraften,
verbunden mit viel Schmerz und Leid.

Nicht nur kleine Katastrophen sind es,
die die Welt in Atem hält.
Immer mehr Naturereignisse
überzieh'n die schöne Welt.

Da gab's den „Lothar", den Orkan,
der mit tödlicher Gewalt
über Teile Süddeutschlands
vor nichts und niemand' machte Halt.

Noch schlimmer traf's die Philippinen,
wo ein Tsunami nach 'nem Beben
die Küste traf und alles mit sich riss.
Abertausende sind nicht mehr am Leben.

So ging's grad weiter:
Erdbeben auf Haiti, Terror in der Republik....
In Bezug auf Weihnachten
hat man Katastrophen mehr im Blick.

Schlimme Meldungen unentwegt.
Uns bleibt nur, Betroffenheit
und Mitgefühl zu zeigen.
Doch schuld ist nicht die Weihnachtszeit.

GEMA fort (*)

Das Buch der Bücher ist die Bibel.
In ihr zu lesen, ist gar nicht so übel.
Man liest von Moses, von Jesus, vom Licht,
und Gott sei Dank gab's die GEMA noch nicht,
die uns das Zitieren der Geschichten untersagt.
Denn Ärger kriegt, wer's trotzdem wagt,
und zwar ganz egal an welchem Ort.
Es sei denn man zahlt – GEMA fort!

Möcht' ich ein Liedchen tirilieren,
muss ich mich erst informieren.
Darf ich singen, was mir gefällt?
Nein, manches Liedchen kostet Geld.
„Stille Nacht" ist kein Problem,
doch 's Rentier Rudolph wär' auch mal schön!
Ich sing' es nicht, an keinem Ort,
weil's teuer ist – GEMA fort!

So lag in einer Bäckerei
die Auslage voller Leckerei
wie Hildabrötchen, Weihnachtskipferl ...
Ich sagte noch: "Das wär' der Gipfel,
erklänge hier - wie schön dies sei -
das Lied von der "Weihnachtsbäckerei".
Doch geht dies nicht, die GEMA war vor Ort
und untersagte dies! GEMA fort!

Auch eine Lesung mit manchen Gedichten,
darauf sollte man verzichten.
So sollte man Heinz Erhardts Zeilen
keinesfalls mir Freunden teilen.
Schade, grad zur Weihnachtszeit
sorgt er für so viel Heiterkeit.
Und Komik lebt doch erst durch's Wort
und die Verbreitung – GEMA fort!

Musiker und Literat,
sie haben hier in diesem Staat
verdient, dass man sie unterstützt.
Doch ob die GEMA hier viel nützt?
Das meiste Geld, das sie zieht ein,
behält sie sicher selber ein
für die Verwaltung! Großer Gott!
Das darf nicht sein! GEMA fort!

(*) „GEMA fort" ist hier doppeldeutig zu sehen. Zum einen steht GEMA für die Verwertegesellschaft für Musik, die die Urheber von Kompositionen schützt (GEMA = Gesellschaft für musikalische Aufführungs- und mechanische Vervielfältigungsrechte), und zum anderen wird es in Süddeutschland (vorwiegend in Rheinland-Pfalz und Saarland) gerne als Redewendung gebraucht, also „geh' mir fort", und zwar im Sinne von "hör doch auf, schwätz net, jetzt geht's aber los!"

Aachener Münster 2017   Foto: Jochen Geckeler

Weihnachtshoffnung

Am grünen Baum die Kerzen brennen,
die Weihnachtsgans, sie duftet schon.
Verschwitzt sieht man die Mutter rennen.
Es freun sich Tochter und auch Sohn,
weil die Geschenke darauf warten,
vom Papier befreit zu werden.
Wann soll die Schlacht denn endlich starten?
Heut' ist der schönste Tag auf Erden.

Was quillt hervor aus jenen Schachteln?
Ist es ein Smartphone mit Vertrag?
Wird denn der Wunsch nach einem Tablet
nun Wirklichkeit an diesem Tag?
Der Fernseher für's Kinderzimmer
ist auch schon wochenlang ein Traum.
Oder ist's ein großer grüner
Geldschein, der da liegt am Baum?

Bei all dem Glitzer dieser Tage
vergisst man leicht, was wirklich zählt.
Ist nicht der Friede auf der Welt
viel wichtiger als alles Geld?
Wir feiern doch das Fest der Liebe!
Da sollten wir - das sag' ich offen -
päckchenweise Liebe schenken.
Das ließe für die Zukunft hoffen.

♦♦♦

Weihnachten – reine Nervensache

Die Blätter fallen, die Nächte werden länger;
noch ist es Herbst, ein gold'ner obendrein,
doch nicht mehr lange, es kommt die Zeit der Sänger,
die Weihnachtslieder schmettern, laut und fein.
Es ist Advent, die Mutter bäckt nun gerne
Makronen, Hildabrötchen und Zimtsterne.

Und urplötzlich, welche Sensation,
ist Heilig Abend – so ein Mist! -
als ob der Tag des heil'gen Fests
die größte Überraschung ist.

Noch steht zuhaus' kein Tannenbaum.
Was gibt's zu essen? Warm oder kalt?
Auch fehlen noch ein, zwei Geschenke,
und die Geschäfte schließen bald.

Was könnt' den Lieben denn gefallen?
Diese Frage zählt nicht mehr,
denn man ist in großer Eile,
und irgendein Geschenk muss her.

Zum Schluss noch ein Besuch beim Metzger;
dort steht man an, o Gott, Stress pur!
Mann! Geht das heute wieder langsam!
Des öft'ren schaut man auf die Uhr.

Währenddessen schaut der Hausherr
beim Baumarkt schnell nach einem Baum,
und dies' Gewächs, das er dort findet,
entspricht so gar nicht seinem Traum.

Das Fest der Feste ist getrübt,
als man durch's Weihnachtszimmer lief,
denn nicht nur Kugeln und die Kerzen,
nein, der ganze Baum war schief.

Die Nerven liegen blank, doch kommt's noch schlimmer.
Das Festtagsessen schien zwar gut geraten,
doch wird serviert, was man schnell merkt,
ein noch halb roher Schweinebraten.

„Mei Nerve", schreit Mama voll Zorn,
der Vater schließt sich an.
Und nur die Kinder hier am Tisch
haben ihre Freude dran.

Für sie ist alles nur ein Spiel
und keine große Sache.
Doch für die Eltern ist das Fest
die reinste Nervensache!

♦♦♦

Geschenkezwang

Wenn ich ans Weihnachtsfeste denke,
dann denke ich auch an Geschenke
und damit an vergang'ne Zeit,
als drei Könige liefen weit,
um das Kindlein zu betrachten
und ganz schöne Sachen brachten.
Dass Jesus in der Krippe lag,
ist nebensächlich heutzutag.

Das Schenken ist heut' fast schon Pflicht,
egal ob's gebraucht wird oder nicht.
Für Kinder findet man noch was,
sie haben Freude, haben Spaß.
Doch schon bei Teenies, oh du Schreck,
bleiben die Ideen weg.
Und wenn ich an Erwachs'ne denke,
weiß ich erst recht nicht, was ich schenke.

Es herrscht heut' ein Geschenkezwang,
und vielen wird es Angst und Bang!
Ach, wie leicht kann man's verscherzen,
kommt ein Geschenk nicht grad von Herzen.
Ein Mitbringsel nur für das Kindlein hold
waren Weihrauch, Myrrhe und Gold.
Die drei Könige standen an der Krippe bereit
und hatten als Hauptgeschenk „Liebe" und „Zeit".

Sie wussten genau, was wirklich zählt
und das bekommt man ohne Geld.

Wunder

Es ist jetzt schon sehr lange her,
dass in Bethlehem im Stall
ein Kindlein lag in einer Krippe,
um es herum die ganze Sippe.
Ein Wunder war's auf jeden Fall!

Nie zuvor und nie danach
hat man je davon gelesen,
dass man ohne Manneskraft
es zu einem Kinde schafft.
Doch scheint es damals so gewesen.

Weihnachtskommerz

Schon wieder ist ein Jahr vergangen;
in Kürze schon beginnt die Weihnachtszeit,
und viele Kinder warten schon mit Bangen
auf die Geschenke. Wann endlich ist's soweit!?

Auf Weihnachten hat jeder Lust!
In Geschäften still und leise
stapeln sich schon im August
tonnenweise Nikoläuse.

Die Feiern rufen, schon wieder ist Advent,
und überall herrscht gute Stimmung.
Und da ein jeder jeden kennt,
hetzt man von Besinnung zu Besinnung.

Kurz ins Gedränge noch, der Endspurt hat begonnen,
denn alles für das Fest ist ganz exakt getimed.
Ein Glühwein noch, das Fest es kann nun kommen.
Am Heil'gen Abend sind alle hier vereint.

. / .

Geschenke sind verteilt, das Essen war vorzüglich;
die Kinder sind verklärt und fasziniert.
Schon werden in Regalen unverzüglich
die Osterhäschen verführerisch platziert.

Das Weihnachtsgeschäft war wieder fabelhaft.
Der Handel zeigt erfreut sich und beseelt,
denn der Umsatz dieses Jahr war meisterhaft!
Der Sinn des Fests jedoch, der ist verfehlt.

„Zu Nikolaus" Foto: Kerstin Püttmann

Versprechen

Das Weihnachtsfest steht vor der Tür,
und wieder einmal naht die Zeit,
dass man an Freunde und Bekannte
und auch an alle Anverwandte
Grüße schickt. Mit netten Worten
landen sie in fernen Orten.
„Frohe Weihnacht", bla, bla, bla!
„Ganz bestimmt im neuen Jahr
sieht man sich, 's wär' doch gelacht"!
Nächstes Jahr wird's wahr gemacht!

Das Gleiche hat vor Jahresfrist
die Weihnachtspost schon mal geziert.
Es liegt an uns, ob nächstes Jahr
Hoffnung und Wünsche werden wahr
und ob wir dann von neuem
das Geschriebene bereuen.
Machen wir doch endlich wahr,
was wir versprechen übers Jahr!
„In Verbindung bleiben", dies mein Rat,
das wär' doch mal 'ne gute Tat.

„Januar"   Aquarell: Valeria Schmitt

Frieden auf Erden

Vor Weihnachten - man kann's kaum fassen -
klingeln überall die Kassen!
Geschenke kauft man bergeweise;
auch buchen manche eine Reise
für wenig Leistung und viel Geld.
Wie billig wär' Frieden in der Welt!

Die Menschen haben nichts begriffen!
Sie feuern Raketen von Flugzeug und Schiffen,
zerstören Leben, Haus und Land;
die Folgen hiervon sind bekannt.
Das kostet Ansehen und Geld.
Wie schön wäre Frieden in der Welt!

Auch im Kleinen sind wir Krieger
und fühlen uns dann oft als Sieger,
wenn wir mit Worten, bösen, harten,
den Angriff auf den Nachbarn starten.
Der Nachbar lässt sich das nicht bieten.
Wie schön dagegen wäre Frieden!

Man braucht oft gar nicht weit zu gehen;
oft genügt's, in den Spiegel zu sehen.
Welchen Gewinn könnten wir erzielen,
wenn wir uns nur selbst gefielen.
Herzlichkeit hat man verlernt,
vom inn'ren Frieden sich entfernt.

Wer für Frieden auf Erden steht,
den Kriegen aus dem Wege geht,
und das Gute trägt im Herzen,
wird's mit niemandem verscherzen.
Wer dies bedenkt, für den ist heute
das Weihnachtsfest ein Fest der Freude.

Tannenbaum

- frei nach Wilhelm Buschs Gedicht „Ein dicker Sack" -

Ein Nordmanntanne-Tannenbaum,
der aus dem hohen Norden kam,
im Herbst gefällt in lauer Nacht,
im LKW hierher gebracht,
im Christbaumständer fein fixiert,
nun unser Zimmer dekoriert,
mit Kerzen, Kugeln reich behangen,
hat nun zu reden angefangen:

„Ich", sprach er, „bin ein Tannenbaum,
euch Plastikkugeln gäb' es kaum,
und auch ihr Kerzen aus Paraffin
seid nur geduldet! Ohnehin
bin ich Natur. Seid dankbar mir!
Denn ohne mich wärt ihr nicht hier!"
„Doch", säuseln Kugeln und Kerzen ganz heiter:
„Nimm den Mund nicht zu voll, das wäre gescheiter!

Denn du bist auch bloß ein Weihnachtsbaum,
durft'st wachsen nur auf engstem Raum,
und zwar einzig und allein für das himmlische Fest.
Drum sei ganz schön leise und genieße den Rest
deines Daseins. Denn ganz gewiss gäb' es dich nicht,
sorgten wir beim Fest nicht für Glanz und Licht".

◆◆◆

„Ein Tännchen auf dem Weg zum Weihnachtsfest"

Aquarell: Valeria Schmitt

Weihnachtliche Harmonie

Wie jedes Jahr zum Weihnachtsfest
- die Eltern, ja, sie freun sich sehr -
kommen Kinder, Enkel und die Partner,
und es werden immer mehr.

Auch dieses Jahr - oh große Not! -
sind die Stühle wieder knapp.
Der Mutter macht das wenig aus;
man hält sie ohnehin auf Trab.

Der Tisch ist längst schon dekoriert,
der Braten kommt nun auf den Tisch.
Die Enkelin ist außer sich:
„Bin Vegetarier und ess' nur Fisch!"

Der Oma tut's natürlich leid,
doch gibt's noch Kaffee, welch ein Glück,
mit Kuchen und ganz leck'rer Torte:
„Das ess' ich nicht, das macht nur dick!"

Enttäuscht zwar, doch voll' Zuversicht
bringt Oma schleunigst die Geschenke
und, so sagt sie: „Ganz gewiss
gefall'n dir diese, wie ich denke."

„Was ist denn das?! Ein Handy nur?!
Das ist doch heute mega-out!
Kein iPod auf dem Gabentisch?
Der Tag, der ist mir voll versaut!"

Am späten Abend kriegen sich
zu allem Überflusse dann
die Schwiegerkinder in die Haare.
Man diskutiert, man schreit sich an!

Doch dieser Tag geht auch zu Ende,
und mit dem Fazit ist man schnell.
Man sagt (denkt nur ans Positive):
„Es war doch wirklich schön heut', gell!"

Aachener Münster 2017 Foto: Jochen Geckeler

Macht auf das Tor!

Weihnachten kommt, macht auf das Tor!
Geschmückt sind Fenster, Plätze, Straßen;
Schnee liegt auf eh'mals grünem Rasen.
Vertraute Klänge hört mein Ohr.

Doch feiern wir am rechten Tag?
War's nicht vielleicht im Januar,
als Jesus in der Krippe brüllte
und die Verheißung sich erfüllte,
dass uns ein Kind geboren war?

In vielen Ländern, vielen Staaten
wird Weihnacht' an dem Tag begangen,
da Könige das Kind besangen,
als sie den heil'gen Stall betraten.

Doch wann's geschah in jenem Stall,
ist unbedeutend - ohne Frage.
Denn die Botschaft dieser Tage
bleibt die gleiche überall.

Warum?

Warum gibt's den Tannenbaum?
Warum Lametta, warum Kerzen?
Warum duften Zimtsterne in jedem Raum?
Und warum gibt's Schokoladenherzen?

Warum, o Gott, wurde das Kind geboren
im Dezember und nicht im Januar?
Und warum dies alles vor Bethlehems Toren?
Warum im Jahr „Null", einem Jahr, das keins war?

Warum kamen die Weisen vom Morgenland?
Warum zu Fuß und nicht mit der Bahn?
Warum erst zwei Wochen später der Aufwand?
Bestimmt haben sie in der Zeit sich vertan.

Warum eine Krippe bei Esel und Schaf'?
Warum gab's kein Zimmer im Jordanlande?
Warum war man herzlos, was Maria betraf?
's waren zwei Asylanten, die keiner kannte.

Warum ist dies Grund zur jährlichen Feier?
Warum gibt's Geschenke in großer Zahl?
Und warum gibt's heute keine bunten Eier?
Warum nur, warum? Ich geh' dann schon mal

und fei're mit Freuden das Fest der Feste,
weiß zwar nicht, warum ich dies heute grad tue,
doch Friede und Glück sind immer das Beste,
und gern' schöpf' ich Kraft
in der weihnachtlichen Ruhe.

Die Gedanken sind frei

Man sitzt nun hier wie jedes Jahr
und lauscht dem Manne im Talar,
der heut' zum höchsten Christentage
erneut erörtert jene Frage:
Wie kam das Kind, der Sonnenschein,
denn wirklich in die Jungfrau rein!?
Doch da nun mangels DNA
die Frage nicht zu klären war,
ertappt man sich jetzt bei Gedanken,
die sich nun um Themen ranken,
die mit Engeln, Schafen und solch' Dingen
nicht ganz in Einklang sind zu bringen.

Sitzt dort vorn in Reihe sechs
nicht Rolf, meiner Kollegin Ex?
Verließ er nicht vor Jahresfrist
Frau und Kind, der „gute" Christ!?
Man sieht ihn doch wie jedes Jahr
stets gut gestylt nah' beim Altar!

Und drüben, dort beim Kerzenlicht
- Gott sei Dank, sie sieht mich nicht -
die Nachbarin! Man fasst es kaum!
Ist es real oder ein Traum?
Geschmack sieht wahrlich anders aus,
denn ihre Kleider sind ein Graus!
Vergang'nes Jahr zur Weihnachtszeit
trug sie da nicht das gleiche Kleid?

Erst als die Orgel spielt ganz leise
die schöne weihnachtliche Weise
von der stillen Weihnachtsnacht,
wo alles schläft und einsam wacht,
versiegt nun das Gedankenspiel;
von der Predigt bleibt nicht viel!
Nur weil die Tradition es will,
sitz ich hier ganz fromm und still!
Blieb nicht besser ich daheim
und schieb 'ne Weihnachts-CD rein?
Besser wär' es sicherlich,
man macht' Gedanken mehr um sich!
Dann bräuchte man an heil'gen Orten
nicht weiter in Gedanken morden.

Geschenkidee

In den weihnachtlichen Gassen
drängen Leute aller Rassen -
schwarze, weiße und auch gelbe -
und alle wollen sie dasselbe:

Sie kaufen hübsch Geschenke ein,
für den Papa ´ne Flasche Wein,
der Mutter eine Creme zum Baden,
ein Kochbuch noch – kann ja nie schaden!
Und für die Kinder, welch eine Freude,
machen sie die größte „Beute".

Der Stress ist groß, das Geld wird knapp!
Das Kaufen hat man langsam satt
in diesem hektischen Gewimmel.
Deshalb mein Stoßgebet zum Himmel:

Herr, lass uns doch mal „Zeit" verschenken!
Lass uns an uns und andre denken.
Lass Zeit uns nehmen für die Kinder
im Frühjahr, Sommer, Herbst und Winter.
Dies' Geschenk, das geht ganz fix,
und s'Beschte isch, es koschtet nix!

Auch bei Freunden und Verwandten
kommt uns gern die Zeit abhanden.
Drum schenken wir zum Weihnachtstage
auch ihnen Zeit als schönste Gabe.

Besinnung?

Weihnachten, das Fest der Liebe,
feiert die ganze Christen-Sippe,
weil ein Kind die Welt erblickte,
auf Stroh geboren, in einer Krippe.

All dies geschah ganz ohne Hektik.
Drei Könige aus dem Morgenland
brachten kleinere Geschenke;
ein Kaufhaus war noch nicht bekannt.

Was ist aus Weihnachten geworden!
Die Zeit davor - der reine Wahnsinn!
Man wälzt sich durch die Weihnachtsmärkte
und kauft Geschenke ohne Sinn.

Es häufen sich nun die Termine;
darunter leidet auch die Stimmung.
Man "feiert" selbst und mit den Kindern,
hetzt von Besinnung zu Besinnung.

Am Nachmittag des Heilig' Abend,
da kehrt dann endlich Ruhe ein.
Und vor dem Weihnachtsbaum, dem schmucken,
gönnt man sich nun ein Gläschen Wein.

Arena di Verona 2013   Foto: Jochen Geckeler

Weihnachten liegt in der Luft

Leise fällt der Schnee hernieder,
die Straßen sind schon überzogen.
Wir wurden um den Herbst betrogen,
denn nun ist Weihnachten schon wieder.

Vier Wochen war es eine Qual,
in der Stadt umher zu gehen,
sich nach Geschenken umzusehen,
die man braucht in großer Zahl.

Man bahnt sich seinen Weg zum Laden
langsam nur wie eine Schneck',
bezahlt mit einem großen Scheck,
wenn man zur Kasse ist geraten.

Erfreut und mit gefüllten Händen
erholt man sich am Weihnachtsstand,
ein Gläschen Glühwein in der Hand.
Heim geht's in die vier eig'nen Wände!

Es ist nun Weihnachten, ihr Leut',
der Kinder Augen funkeln feucht.
Und wenn mich heut nicht alles deucht,
sich auch mein Herze regt und freut.

Kein Schnee liegt nun mehr weit und breit.
Im Garten blühen bald Narzissen,
und wir, die wir den Winter missen,
vermissen auch die Weihnachtszeit.

„In der Weihnachtsbäckerei"   Foto: Kerstin Püttmann

Christmette

Heilig Abend, Kerzen brennen,
Geschenke liegen unterm Baum.
Die Kinderaugen sind geweitet,
da auch schon alles vorbereitet
für die Bescherung, welch ein Traum!

Die Hausfrau in der Küche hat
die letzten Arbeiten getan
am weihnachtlichen Festtagsbraten,
der sicher bestens wird geraten.
Doch erstmal zieht man sich hübsch an,

denn einmal wenigstens im Jahr
will man zur nahen Kirche gehen,
um von den Pfarrern in Talaren
die frohe Botschaft zu erfahren.
An diesem Tag lässt man sich sehen.

Warum's so ist, bleibt mir ein Rätsel.
Die Kirche ist gerammelt voll,
während an den andern Tagen
die Schäfchen sich der Kirch' entsagen.
Ein Mal im Jahr, das reicht ja wohl!

Das Gewissen ist beruhigt,
der Braten auf den Tisch gebracht.
Geschenke werden dann verteilt,
und die Familie ist vereint
in der Stillen, Heil'gen Nacht.

Jauchzet, frohlocket!

's ist Weihnachten, das Fest für Kinder,
doch auch wir zwei freun uns nicht minder
auf diesen Tag; am späten Morgen
verschwinden all die Alltagssorgen.

Am Nachmittag des heil'gen Festes
gibt man am Heimatort sein Bestes.
Man singt im Chor sehr schöne Weisen
und denkt alsbald an jene Speisen,
die man für's Fest besorget hat.

Ein Lachs, geräuchert, macht uns satt,
mit Meerrettichsahne und Toast serviert,
dazu wird Pfälzer Wein dekandiert,
ein Gläschen zum Feste,
vielleicht auch zwei, drei ...
Und ist das Festmahl dann vorbei,
geh'n wir ins Weihnachtszimmer 'runter,
wo schon die Kerzen brennen munter.

Nun wird's gemütlich um uns herum,
wir hören das Bach'sche Oratorium.
Und während die* „mit Danken fallen"
und der „Herrscher des Himmels erhört"
deren* „Lallen",
sie* „mit Jauchzen, Frohlocken die Tage preisen",
denken wir gerne noch an die Speisen,
die wir genossen und die uns erwarten,
denn zu Weihnachten gehören auch Fahrten
zu Eltern, Geschwistern, der Heimat entgegen,
wo ebenfalls weihnachtliche Gefühle sich regen.

◆◆◆

---

*) Hier ist der Chor gemeint, der aus dem Weihnachtsoratorium von J.S. Bach singt.

„Merkel" Foto: Kerstin Püttmann

Wir schaffen das!

Lang ist's her! Vor zweitausend Jahren
ging Sepp, ein Mann mit langen Haaren,
mit Maria, Arm in Arm
gen Davids Stadt, und man vernahm,
dass diese schwanger - NICHT VON IHM -
worüber Josef nicht glücklich schien.
Doch "sei's drum" sprach er und hob sein Glas.
"Null Problem, wir schaffen das!"

Langsam ging es, Hand in Hand,
nach Bethlehem ins Jordanland.
Dort angekommen hoffte man,
dass man schnell was finden kann,
ein Hotel vielleicht oder ein Zimmer,
denn Maria konnte nimmer,
doch alles war voll. Doch wisst ihr was?
Josef sagte: "Wir schaffen das!"

Die bess'ren Häuser, die dicken Gemäuer
waren Joseph viel zu teuer.
Doch Maria war höchst schwanger,
und ihr wurde bang und banger.

. / .

Ein Stall mit Esel kostet kein Geld,
und flugs kam schon das Kind zur Welt.
Gebettet wurd' es in Heu und Gras,
und Maria sprach: "Wir schaffen das!"

"Wie soll denn unser Baby heißen?"
Vor dem Stall erschien nun leise
ein Engel, schlank, in hellem Schein.
"Jesus soll sein Name sein".
Und Hirten sah'n den Engel auf Erden
und fragten sich: "Was soll das werden?"
Erschrocken sanken sie ins Gras.
"Habt keine Angst, die schaffen das!"

Und über'm Stall, da war zu sehn
ein Stern. "Meine Herrn, kommt lasst uns gehn
jetzt gleich, sofort, der Weg ist weit,
wir Könige vom Morgenland sind bereit,
dieses kleine Kind zu sehen.
Lasst alles liegen, alles stehen,
der Weg ist weit, vielleicht wird's nass,
doch keine Angst, wir schaffen das!"

Schwer war's damals und schwer ist's heute.
Nicht alles wird einfach, liebe Leute.
Doch sag' auch ich, und nicht im Spaß:
"Wir schaffen das, wir schaffen das!"

„Fahrradkurier" Foto: Kerstin Püttmann

Danke

Mein herzlicher Dank gilt all denjenigen, die mir bei der Verwirklichung dieses Projekts geholfen haben, und da sind, neben meinen Freunden und „Dränglern", in besonderem Maße die Illustratoren zu nennen, namentlich – und in alphabetischer Reihenfolge – mein Schwager Jochen Geckeler, der uns immer mit faszinierenden Fotos beehrt, unsere Freundin und Heidruns Musikschülerin Kerstin Püttmann, die großartige Miniaturfotografie macht, sowie Valeria Schmitt, die bis vor Kurzem ebenfalls Schülerin meiner Frau war und wunderschöne Bilder geschaffen hat. Mein größter Dank aber gilt meiner Frau Heidrun, der Liebe meines Lebens, die scheinbar alle meine Wünsche kennt und mich in jeglicher Hinsicht immer unterstützt. Sie ist auch gleichzeitig meine Lektorin und im positiven Sinn größte Kritikerin. Gemeinsam sind wir stark.

Bernd Paulus

Worte zu den Künstlern

Jochen Geckeler hat sich vor allem der Makrofotografie verschrieben. Seine Mohnfotos sind ebenso legendär wie die Großaufnahmen von Insekten und Amphibien in ihrem Umfeld. Hier steuert er allerdings weihnachtliche Motive bei.

Kerstin Püttmann hat sich auf Miniaturfotografie spezialisiert. Ihre Bilder erfreuen sich bei diversen Ausstellungen großer Beliebtheit. Auch der SWR sowie der Lokalsender des SAT wurden schon auf sie aufmerksam und strahlten Beiträge über ihre außergewöhnliche Kunst aus.

Valeria Schmitt, die in diesem Jahr ihr Abitur abgelegt hat, zeigte schon im Leistungskurs „Kunst" erstaunliches Talent. Inzwischen hat sie eine große Anzahl von Werken produziert, die bei verschiedenen Ausstellungen zu sehen waren.

Bei Interesse am künstlerischen Wirken stelle ich gerne den Kontakt her.

(Bernd Paulus, E-*Mail: bernd@paulus-hagenbach.de*)